AF339762

Cette brochure
n'est qu'un abrégé
de LB57 1794

LA COMMUNE

A

NOTRE-DAME DES VICTOIRES

PARIS. — IMP. SIMON RAÇON ET COMP, RUE D'ERFURTH, 1

LA COMMUNE

A

NOTRE-DAME DES VICTOIRES

PAR

M. L'ABBÉ ✱✱✱

VICAIRE A NOTRE-DAME DES VICTOIRES

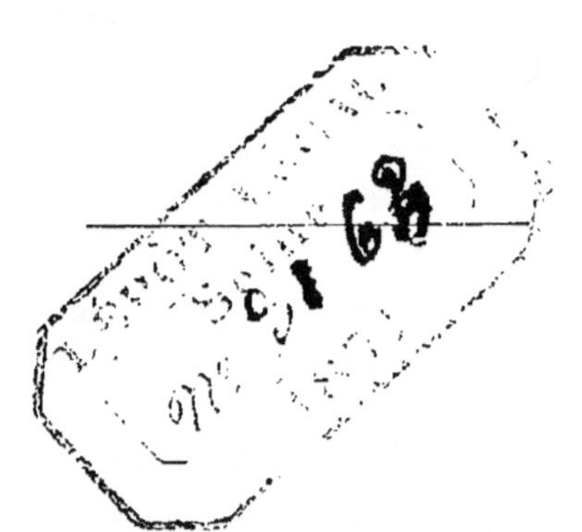

PARIS

IMPRIMERIE SIMON RAÇON ET COMPAGNIE

1, RUE D'ERFURTH, 1

——

1871

LA COMMUNE

A

NOTRE-DAME DES VICTOIRES

Le 17 mai 1871, veille du saint jour de l'Ascension, vers quatre heures trois quarts de l'après-midi, au moment même où éclatait la poudrière du Champ de Mars, l'église Notre-Dame des Victoires fut envahie par un fort détachement du 159e bataillon des fédérés, précédé du citoyen Le Moussu, commissaire de police central.

Averti au confessionnal par M. le docteur Guibout, marguillier, j'attendis un instant que les fidèles eussent reçu une dernière bénédiction de leur divin maître après l'instruction du mois de Marie, faite par M. l'abbé Le Rebours, chanoine honoraire, ancien vicaire général de Paris, et reportai le Saint-

Sacrement, avec le respect qui lui était dù, à la sacristie.

Là, je renfermai les saintes hosties dans un corporal préparé à l'avance en cas d'événements majeurs et les confiai à M. l'abbé Delacroix, sous-directeur de l'archiconfrérie, qui les porta à Saint-Roch, escorté par M. Guibout. Après avoir mis hors de toute atteinte sacrilége le précieux trésor de nos tabernacles, j'essayai de me concilier la protection intéressée de l'autorité civile, en envoyant chercher le citoyen Pottier, membre de la Commune, et son délégué à la mairie du deuxième arrondissement. Sur ma demande, il arriva, et j'entendis le colloque suivant :

« Citoyen, dit Pottier à Le Moussu, en vertu de quel mandat vous présentez-vous ici ? — En vertu, répondit celui-ci, de mon autorité souveraine de commissaire central, supérieure à la vôtre. — Vous avez tort, lui répliqua le maire provisoire, de procéder ainsi, car j'allais obtenir de la fabrique de cette église un droit de location de 200 fr. par jour, avec un effet rétroactif à partir du 18 mars qui, dès demain, faisait tomber dans les caisses de la Commune une somme de 12,000 francs. »

Alors je voulus hasarder auprès du citoyen Pottier

une tentative de conciliation, mais à peine avais-je ouvert la bouche que celui-ci, se retournant vers moi les yeux pleins de colère, s'écria avec toute la force de ses poumons : «Ne croyez pas que je viens ici pour vous protéger, sachez au contraire que je vous exècre, vous et tous les gens de votre secte ; vous êtes tous des empoisonneurs au point de vue physique et moral. »

Déjà l'église était occupée militairement, et on en expulsait brutalement les fidèles qui se pressaient chaque jour en grand nombre dans notre vénéré sanctuaire.

Alors eut lieu une scène indescriptible digne des premiers âges du christianisme et qui laissera dans mon âme les plus impérissables comme les plus touchants souvenirs. La force armée ne pouvait rien en présence de l'attitude saintement énergique de nos paroissiens, on défiait les baïonnettes et les revolvers des envahisseurs, on les traitait avec une noble audace de sacriléges et de maudits, on se groupait autour de l'autel de la Très-Sainte Vierge comme pour lui faire un rempart d'honneur et de dévouement ; enfin nos héroïques fidèles, se cramponnant aux balustrades de la chapelle, demandaient comme une grâce de mourir sous le regard protecteur de Marie Immaculée, plutôt que de laisser profaner son illustre sanctuaire.

Un jeune homme, entre tous, se signala par son intrépide courage. Ce fut M. Blot, négociant en fleurs artificielles, 55, rue Neuve-des-Petits-Champs, bibliothécaire de la conférence Saint-Vincent-de-Paul. A peine Le Moussu eut-il pénétré dans l'église, le chapeau sur la tête, la main sur son revolver, et suivi de ses fédérés le fusil au bras, que M. Blot, vêtu en garde national, mais sans arme, alla droit à lui, et lui dit : « Que venez-vous faire ici? — Cela ne vous regarde pas, répondit Le Moussu, vous devriez être dans nos rangs. — Cela me regarde, puisque c'est mon église ; quant à être dans vos rangs, moi j'en ai fait assez, j'ai servi la patrie jusqu'à la mort, et vous? »

Le Moussu ne répondit pas et se dirigea brusquement d'un autre côté. M. Blot s'attachait à ses pas, résolu à s'opposer à tout acte de violence. Le Moussu, qui s'en aperçut, lui dit : « Vous me regardez bien méchamment, citoyen. — Pas assez, » dit M. Blot. Et s'animant il ajouta : « Dans huit jours vous serez vaincus. — Comment, s'écria Le Moussu, vous dites que les Versaillais entreront dans Paris, chouan, gueux, coquin! — Oui, ils seront ici dans

huit jours, et si vous n'êtes pas content, tuez-moi...
tuez-moi ! » Le Moussu avait la main sur son revolver, mais M. Blot animé par une sainte indignation,
se rapprochait tellement de lui, que celui-ci se vit
obligé de reculer comme dominé par tant de courage.

M. de Benque, marguillier, qui s'était rendu à
l'église au premier signal du danger, s'interposa.
« Respectez ce jeune homme, dit-il, c'est un brave.
Il a gagné la médaille militaire sur le champ de
bataille de Montretout pour la défense de Paris. »
Le Moussu donna alors, l'ordre d'arrêter M. Blot.
Quatre fédérés allaient exécuter cet ordre lorsqu'un
de leurs capitaines, nommé Meyer, s'y opposa.
« Je ne veux pas qu'on arrête ce citoyen ; » et, se
tournant vers ses hommes : « Je vous défends de
l'arrêter. » Devant cette opposition, Le Moussu se
contenta de dire : Allez donc, fanatique, on n'a pas
besoin de vous ici. » Et M. Blot sortit ; mais sa
prédiction devait se réaliser. Huit jours après, jour
pour jour, heure pour heure, l'église Notre-Dame
des Victoires était gardée et protégée par des sol-
dats de l'armée de Versailles. Voilà une esquisse
rapide de la conduite digne de l'admiration des
anges, non-seulement de nos paroissiens les plus

dévoués, mais encore de faibles femmes qui ne pouvaient se décider à quitter, même au péril de leur vie, leur cher sanctuaire de Notre-Dame des Victoires.

Comprenant enfin qu'il ne pouvait rien par la force, même en présence d'un sexe timide, Le Moussu m'interpella en disant : « Citoyen prêtre, faites donc sortir toutes ces fanatiques ! »

Immédiatement et avec le noble concours de M. de Benque, j'interposai ma faible autorité, et ce que ne pouvaient obtenir les baïonnettes et les revolvers des insurgés, la voix d'un pauvre prêtre l'obtint. En un instant, l'église fut évacuée, mais non sans beaucoup de larmes et de sanglots. Alors commencèrent les perquisitions. Tandis que M. Pickaërt, maître de chapelle, qui avait voulu rester spontanément et au dévouement duquel nous ne saurions trop rendre hommage, conduisait une bande de ces forcenés au grand orgue et le sauvait de leur vandalisme ; tandis que, d'autre part, MM. de Benque et Guibout s'offraient à ces misérables, le premier pour les conduire dans les caveaux souterrains, le second pour aller chercher un serrurier qui faciliterait leurs opérations, je me présentai à Le Moussu et le guidai à travers nos sacristies et toutes les dépendances de l'église. Croyant les perquisitions terminées, je me rendais dans la salle des mariages pour y rejoindre les dignes marguilliers dont les exemples m'offraient de si précieux encouragements, lorsque je fus arrêté au milieu du chœur par l'indigne agent de la Commune, qui me cria devant toute sa bande, en me montrant un coup-de-poing qu'il tenait à la main : « Voilà comment vous savez rendre le bien pour le mal ! »

En effet, on venait de se jeter brutalement sur M. l'abbé Laurent Amodru, vicaire à la paroisse, et, en le fouillant, on avait trouvé sur lui cet instrument que l'obligation de visiter les malades pendant la nuit rendait plus nécessaire que jamais dans les tristes circonstances que nous traversions depuis deux mois.

Déjà je compris que mon digne confrère devenait l'objet d'une suspicion spéciale de la part de nos ennemis ; déjà aussi il avait été mis au secret dans la salle des catéchismes, où il devait rester privé de toutes communications avec ses compagnons de captivité pendant près de trente heures.

Ces traitements exceptionnels avaient sans doute été provoqués par l'attitude extrêmement énergique de M. l'abbé Amodru, qui s'était rendu au-devant des fédérés en surplis et en étole et qui, avec une fermeté toute sacerdotale, les avait invités à procéder promptement, en raison d'un second exercice du mois de Marie qui devait avoir lieu à sept heures et demie du soir.

J'arrivai enfin dans la sacristie des mariages, où se trouvaient déjà les deux honorables marguilliers nommés plus haut, ainsi que M. Pickaërt. A peine étions-nous réunis, qu'immédiatement nous fûmes cernés et gardés à vue par trois factionnaires et un capitaine. Il pouvait être environ six heures. Le secrétaire de Le Moussu, nommé L...., vint nous fouiller et nous interroger, sous prétexte qu'on avait trouvé des pièces très-compromettantes sur M. l'abbé Amodru et que nous étions sans doute ses complices. Or ces pièces si compromettantes se réduisaient à une lettre de M. l'abbé Lagarde, datée de Versailles et autorisant, en qualité de vicaire général du diocèse de Paris, le clergé de la paroisse à donner le salut du Très-Saint Sacrement à un exercice de piété. Ce que cet agent de la Commune venait de trouver sur nous, aurait dû le convaincre immédiatement qu'il n'y avait entre nous et le gouvernement de Versailles aucune complicité apparente. Il n'y avait, en effet, que celle de nos sentiments intérieurs et des désirs de nos cœurs pour le succès de ses armes; mais même ceci était un crime pour ces hommes qui auraient voulu détruire jusqu'à la liberté de pensée. Le secrétaire garda deux lettres trouvées sur M. de Benque et une lettre prise sur M. le docteur Guibout. Il s'éloigna en donnant l'ordre d'augmenter le nombre des factionnaires qui nous gardaient. A neuf heures et demie, Le Moussu, qui sans doute avait oublié que nous étions là depuis plus de trois heures, entra dans la sacristie, et, jugeant à propos de trouver innocents de toute conspiration MM. de Benque et Pickaërt, ils les remis en liberté.

Quant à M. Guibout, il demeura prisonnier avec moi, par ce seul motif, que la lettre qui avait été trouvée sur lui et que sa belle-mère venait de lui envoyer de Bordeaux renfermait ces mots : « Quand donc les troupes de Versailles viendront-elles à bout de ces forcenés de Paris? » Si je déplorais pour l'honorable marguillier la détention que lui imposaient de si futiles prétextes d'accusation, je ne pouvais m'empêcher de bénir intérieurement la Providence qui me le laissait comme compagnon d'infortune. Nous passâmes ensemble toute la nuit du 17 au 18 mai, sous le regard scrutateur et défiant de trois factionnaires, qui se relevaient d'heure en heure, et qui se comportaient à notre égard comme il convenait à de dignes séides de la Commune. Cependant nous rencontrâmes parmi eux quelques âmes moins endurcies. Tandis qu'on procédait au pillage complet de l'église et qu'on nous faisait assister à la profanation des ornements et des vases sacrés, un capitaine me glissait à voix basse quelques paroles de sympathie; un autre, qui se disait parent de S. Ém. le cardinal Morlot, ancien archevêque de Paris, protestait avec la réserve qu'imposaient les circonstances contre les spoliations commises; d'autres, enfin, nous disaient qu'ils n'avaient pas complétement abdiqué tout sentiment de reconnaissance envers les frères qui les avaient élevés, à l'égard des sœurs de Ménilmontant qui les avaient soignés dans leurs maladies. Je n'oublierai jamais la confidence émue que me fit celui de tous qui me paraissait avec raison le moins hostile : « Je suis frère des écoles chrétiennes. » Je conserverai même un sentiment de véritable gratitude envers l'un des plus jeunes, que sa douceur relative avait fait surnommer par ses camarades du sobriquet de *Bibi*, et qui me proposa, au péril de sa vie, de se charger d'une lettre pour ma famille. Cependant le pillage continuait toujours. De temps en temps, le secrétaire de Le Moussu traversait notre salle de détention, et nous jetait en passant ces mots d'une rare audace : « Votre position s'aggrave de plus en plus, nous trouvons des pièces de plus en plus compromettantes. »

On affectait de saisir tous les prétextes possibles de nous trouver coupables d'intelligences avec Versailles.

Nous appelâmes, M. Guibout et moi, cette première nuit de captivité : la nuit du prétoire. Ce souvenir de la passion de Notre-Seigneur se justifia plus encore par l'arrivée d'un voleur qui, détenu avec nous, nous fut bientôt préféré et devint ainsi notre véritable Barabbas. Enfin les ombres de la nuit se dissipèrent et nous accueillîmes l'aube du jour, qui apporte d'ordinaire un rayon d'espérance et de consolation à celui qui souffre, par cette précieuse invocation qui s'accordait si bien avec la fête occurrente : « Par votre ascension, délivrez-nous Seigneur. » De temps en temps aussi, nous levions les yeux avec confiance vers une image de la très-sainte Vierge, la dernière peut-être appendue sur les murs de notre très-cher sanctuaire. Nous aimions également à interroger notre *Imitation*, et toujours nos regards et nos cœurs rencontraient un verset de nature à nous inspirer force et courage.

Enfin le soleil de l'Ascension, qui, d'ordinaire, apporte dans les âmes de si précieuses et si consolantes allégresses, projeta sur nous ses premiers rayons. Vers huit heures, le capitaine de garde, nommé Lemarié, m'invita à faire demander mon déjeuner. Je refusai, déclarant que je voulais conserver l'espoir de célébrer la sainte messe, sinon dans notre église, au moins ailleurs, en ce grand jour de fête. J'attendais donc patiemment, lorsque la Providence permit que M. l'abbé Roche, prêtre habitué à la paroisse, qui s'était présenté à l'heure de sa messe, nous fût adjoint comme compagnon de captivité.

Peu de temps après, la porte de notre prison s'ouvrit et nous vîmes entrer M. l'abbé Giraudet, vicaire à Saint-Augustin, et M. Hoschetteter, organiste de la même église.

Ce fut pour nous une véritable consolation de nous voir entourés de ces dignes compagnons d'infortune.

A peine avions-nous échangé quelques paroles de politesse et de charité que la porte s'ouvrit encore. Cette fois, ce n'était plus pour nous procurer l'adjonction de quelque victime innocente, mais pour livrer passage au fougueux et impitoyable Pottier, qui, s'adressant à M. l'abbé Roche, lui dit avec une exaltation toute féroce : « Misérable ! combien en avez-vous tué pour votre part? » Le digne prêtre ne comprit pas tout d'abord, en raison de sa surdité, le sens de la hideuse interpellation du citoyen Pottier ; il déclara seulement n'avoir jamais entendu parler de crimes et d'homicides pendant le cours des dix années qu'il avait passés dans notre paroisse. M. l'abbé Amodru et M. le docteur Guibout furent interrogés à leur tour. On demanda même à ce dernier, à qui déjà on avait reproché plusieurs fois de préférer l'oisiveté de l'église au soin de ses malades, quels pouvaient être les instincts mal dissimulés, les passions, le tempérament enfin de ces prêtres dont il paraissait être l'ami.

Le digne médecin répondit avec une noble fierté qu'il ne nous connaissait, mes confrères et moi, que sous les meilleurs rapports. Mon tour vint enfin de subir l'interrogatoire du cruel délégué de la Commune. Je lui déclarai que, depuis 1629 jusqu'à l'époque de la grande révolution, plusieurs générations de religieux avaient été inhumées dans nos caveaux ; que, depuis, un seul corps y avait été déposé d'une manière définitive, celui du vénérable M. Des Genettes, fondateur de l'Archiconfrérie, ancien curé de la paroisse. Voyant qu'il ordonnait au citoyen Sérailler, son secrétaire, de prendre des notes sur mes réponses, et qu'il paraissait m'écouter avec un certain calme, je m'enhardis à lui développer les trois arguments que je croyais les plus capables de faire impression sur lui, et que je répétai plus tard dans mes divers interrogatoires. « Veuillez considérer, lui dis-je, que je ne suis ni le curé, ni le premier vicaire de la paroisse, mais un prêtre d'un rang assez modeste dans la hiérarchie du clergé paroissial, et par conséquent nullement responsable de ce que vous pouvez trouver de bien ou de mal dans cette église.

« De plus, vous ne m'avez pas arrêté, je me suis constitué volontairement votre prisonnier. Je pouvais fuir, je pouvais me retirer comme plusieurs de mes confrères que vous avez laissé passer, même en soutane, à travers vos rangs. Fidèle à mon poste, et fort de ma conscience, je me présentai, revêtu de mon saint habit, à la délégation de la Commune, qui envahissait l'église, persuadé, d'ailleurs, qu'on se proposait non le pillage, mais une perquisition légitime. Je conduisis même

M. le Moussu à travers nos sacristies, je lui ouvris nos armoires, je lui indiquai nos caveaux, voulant prendre en considération l'autorité qu'il représentait. Enfin, permettez-moi de vous faire observer que, loin de vous être hostiles, nous avons autorisé des quêtes en faveur de vos blessés ; et, afin qu'elles fussent plus productives, nous avons supprimé les nôtres ; nous avons même interdit dans ce but la perception des chaises ; et, dernièrement encore, des dames de la Commune, déléguées par vous pour ces œuvres de charité, venaient nous remercier de notre dévouement. » Mes arguments ne touchèrent pas le farouche Pottier, qui se retira en criant avec indignation : « Je vais faire afficher dans tout Paris que vous avez assassiné quatorze personnes, toutes, femmes et enfants. »

La rage de nos ennemis paraissait augmenter avec les heures de notre captivité. Prévoyant qu'elle pourrait avoir des conséquences funestes, nous songeâmes à régler les affaires de notre conscience ; mais comment se confesser en présence de ces factionnaires au regard méfiant, aux sentiments perfides ! La Providence vint à notre aide. Un jeu d'oie, oublié par les enfants de chœur à la sacristie, devint pour nous l'instrument des divines miséricordes. Au moyen d'une bougie abandonnée sur notre table, nous fabriquâmes des dés, et, en parcourant les étapes du fameux jeu renouvelé des Grecs, nous pûmes tous nous confesser.

Forts de la grâce du divin Maître, nous attendions avec résignation l'issue des événements. D'ailleurs, les paroissiens trouvaient moyen de nous faire parvenir l'expression de leurs plus généreuses sympathies, soit en nous envoyant en abondance les vivres nécessaires, soit en nous assurant furtivement qu'on ne négligerait aucune démarche pour procurer notre prompte délivrance.

Le soir de ce grand jour de l'Ascension, vers sept heures, une lueur d'espérance encouragea notre résignation. Le commandant du 159e bataillon nous interrogea avec calme, même avec bonté, et donna à comprendre à plusieurs d'entre nous que nous serions bientôt remis en liberté. En effet, une heure s'était à peine écoulée, que M. le docteur Guibout, sous prétexte d'une constatation médicale, nous quitta définitivement.

Si je m'estimais heureux de la faveur qui venait de lui être accordée, je ne pouvais cependant me défendre d'un serrement de cœur profond, en voyant s'éloigner de moi le digne marguillier, qui avait été pendant plus de vingt-quatre heures mon soutien et ma consolation.

Cependant la Providence qui, selon l'expression des saints livres, dispose tout avec suavité, m'offrit une précieuse compensation dans le retour de M. l'abbé Amodru, qui, isolé depuis le commencement de ma captivité, en devint jusqu'à la fin le charitable compagnon. Ce digne ecclésiastique, n'obéissant qu'à la bonté naturelle de son cœur, crut pouvoir offrir à nos factionnaires quelques parts des aliments qui nous étaient servis; ce que voyant le citoyen Roussel, membre de la Commune, nous fûmes accusés de vouloir corrompre nos geôliers. « Nous n'aurons la paix, s'écria-t-il, que lorsque, comme Santerre, nous ferons tomber une tête toutes les cinq minutes. » Cet homme, qui se disait l'ami de Raoul Rigault, s'adoucit un peu; il nous demanda si nous ne manquions pas du nécessaire, il voulut même nous faire descendre des fauteuils.

La bienveillance du commandant du 159e bataillon se signala une seconde fois en faveur de M. l'abbé Giraudet et de M. Hoschetteter, qu'il fit monter en voiture, en criant au cocher, devant ses hommes : « A la préfecture de police! » et bientôt,

au détour de la rue et à demi-voix : « Au presby-
tère de Saint-Augustin ! » Nous restions donc trois
prisonniers, M. l'abbé Amodru, M. l'abbé Roche et
moi, toujours incertains du sort qui nous attendait.

Enhardi par la compassion, au moins apparente,
du citoyen Roussel, je me hasardai à demander à
cet homme, plus semblable à une bête fauve qu'à
une créature humaine, une audience particulière.
Il voulut bien me l'accorder, et me conduisit pour
nos confidences dans le sanctuaire même de l'église.

Hélas ! tout ce qui frappa alors mes regards me
navra de douleur. Je me voyais seul avec un des
plus implacables ennemis de notre sainte religion ;
je me retrouvais dans ce bénit sanctuaire témoin
des premiers sacrifices de mon sacerdoce, témoin
jadis des pompes les plus augustes, des grâces les
plus éclatantes, et aujourd'hui livré à l'abomina-
tion de la désolation.

Les autels étaient brisés, les tabernacles arra-
chés, les confessionnaux renversés, les dalles du
temple soulevées de toutes parts. Je comprenais
l'émotion dont mon âme débordait et essayai de
toucher ce farouche ennemi du caractère sacerdotal.

« Monsieur, lui dis-je, vous avez eu une mère,
et ce souvenir réveille peut-être en votre âme des

sentiments qui vous honorent. Or, moi aussi, j'ai une mère, qui depuis plus de vingt-six heures souffre de mon absence et de ma captivité; permettez-moi donc de vous demander, au nom de votre mère et de la mienne, l'autorisation de rentrer chez moi, me constituant prisonnier sur parole, et si mes promesses ne peuvent vous suffire, veuillez considérer qu'il m'est matériellement impossible de vous échapper, car j'habite dans la même maison qu'un capitaine de votre garde nationale et en face d'un commissaire de police, dont les deux factionnaires surveillent constamment l'unique issue de ma demeure. »

Roussel me fit alors une révélation qui me glaça d'effroi.

« Prisonnier sur parole, me dit-il, très-bien ; mais moi qui vous parle, et qui jouis actuellement de ma liberté, j'ai été condamné aux travaux forcés à perpétuité. »

Je me trouvais donc en présence d'un faussaire ou d'un assassin ; cependant je dominai mon émotion et insistai encore.

Alors il me fit une seconde révélation non moins effrayante que la première : « Je voudrais bien, ajouta-t-il, vous laisser partir, mais si je prenais une telle détermination sans consulter mon entourage, je pourrais être fusillé avant vous ! »

L'alternative du tour d'exécution n'était pas de nature à me rassurer ; néanmoins je le priai de consulter ses hommes, et quand je vins chercher sa réponse en présence de ces malheureux, presque tous entre deux vins, un *tolle* général s'éleva contre moi. J'adorai ce nouveau souvenir de la Passion de mon divin Maître et me résignai à subir une seconde nuit de captivité. Cependant je sollicitai comme une grâce et obtins la permission d'être conduit, loin de toute lumière fatigante pour les yeux, dans une chambre de la sacristie où se trouvaient quatre lits à l'usage des employés. Avant de monter à ce dortoir improvisé avec mes dignes compagnons d'infortune, M. Roche, M. Amodru et le frère Honeste, suisse de l'église, qui devait rester encore dix jours entre les mains de ces forcenés, j'obtins une faveur inespérée, celle de pouvoir aller le lendemain consoler ma pauvre mère, pendant deux heures consécutives.

Nous fûmes donc enfermés tous les quatre dans une pièce de l'étage supérieur de la sacristie qui ne pouvait offrir aucune facilité d'évasion ; d'ailleurs trois factionnaires furent placés à la porte de

notré chambre fermée à double tour et, en se re-
levant d'heure en heure, ils nous répétaient sur
tous les tons que nous ne pourrions leur échapper,
que même la fusillade serait pour nous un supplice
trop doux ; qu'il vaudrait mieux nous hacher à
coups de baïonnettes. Impossible donc de dormir :
derrière nous, des gardiens bruyants et impitoya-
bles, à côté des pillards qui renouvelaient dans
l'église même, avec un horrible vacarme, les hi-
deuses saturnales de 93.

Cette seconde nuit de détention ne nous sembla
pas moins longue que la première. A peine le jour
eut-il paru, que déjà nous entendions crier dans la
rue l'histoire des quatorze cadavres de Notre-Dame
des Victoires. Notre toilette ne pouvait nous occu-
per longtemps, nous manquions absolument de
tout. Aussitôt habillés, nous fîmes en commun la
prière du matin, l'oraison mentale, et nous vou-
lûmes échanger entre nous de consolantes et peut-
être suprêmes bénédictions.

Vers huit heures, le vendredi matin, on vint
nous chercher, et on nous fit descendre encore dans
la salle des mariages. Hélas! tout paraissait sinis-
tre autour de nous. L'église était dépouillée de tous
ses ornements.

Sans exception, le sanctuaire ne présentait plus que l'aspect d'une ruine; des sentences de mort se lisaient sur tous les murs. Un capitaine osa me présenter une note de la maîtrise, sur laquelle, très-probablement, il venait d'écrire lui-même ces mots :

« Je n'avais que dix-huit ans ; je fus enfermée dans un cercueil... Je me rongeai les poings... Je me traînai jusqu'à l'ouverture d'un soupirail ; enfin, je pus faire entendre mes gémissements et mes larmes, et obtenir ma délivrance. » « Donnez-moi, me dit-il, l'explication de ces lignes qui vous condamnent! » Je ne répondis que par le silence. Sur la permission de l'un de leurs chefs, plusieurs citoyens et citoyennes obtinrent la satisfaction de défiler devant nous.

Parmi ces curieux, si désireux de voir de pauvres prêtres victimes d'une rage infernale, il s'en trouva un qui, reconnaissant M. l'abbé Amodru, crut devoir lui donner un témoignage de sympathie. Pour ce seul fait, il fut immédiatement arrêté.

M. l'abbé Amodru, voyant que la vigilance la plus soupçonneuse redoublait à son égard, me fit alors la confidence la plus navrante pour mon cœur de confrère et d'ami. « Je viens d'entendre dire m'affirma-t-il, que je serai fusillé ce soir. » A ces mots, les larmes me jaillirent des yeux. Je voulus essayer de le rassurer, il persistait toujours dans ses appréhensions ; il me chargea même de ses dernières volontés, de ses adieux suprêmes pour son père très-âgé, pour son frère également vicaire à la paroisse, et qui, vu sa jeunesse, avait dû quitter Paris pour échapper à la loi très-rigoureuse de la Commune sur le service de la garde nationale. Sous l'influence de cette triste nouvelle, il écrivit sur son bréviaire, à défaut de papier, ses dernières pensées. Immédiatement on le dénonça. Le citoyen Maillot, commissaire de police du quartier, arriva en toute hâte et confisqua le volume sous prétexte que nous voulions le faire passer pour un assassin.

A dix heures du matin, le 159ᵉ bataillon fut remplacé dans l'église et auprès de nous par les Vengeurs de Flourens, qui se montrèrent en toutes circonstances dignes de leur titre féroce.

A onze heures, nous fûmes emmenés, M. Amodru, M. Roche et moi dans deux voitures, à la préfecture de police, au milieu des protestations sympathiques de la foule attendrie. Nous entendîmes non sans émotion se refermer sur nous les portes de fer et les lourds verrous de la prison.

Arrivés au greffe, le commissaire sous la surveillance duquel nous étions placés nous sépara, M. Roche et moi, de notre digne confrère, M. l'abbé Amodru, qui devait être conduit de là à Mazas et à la Roquette, et échappa comme par miracle au sort funeste des plus respectables otages. « J'espérais, dit l'agent qui nous conduisait, pouvoir vous faire remettre en liberté d'après la décision qu'avait donnée le greffier ; mais une intervention contraire s'est produite, et me voici obligé de vous faire comparaître devant Th. Ferré. » Or, ce Ferré était l'ennemi le plus implacable du clergé ; à ses yeux, notre principal délit était notre caractère sacerdotal.

Introduits devant ce digne secrétaire de Raoul Rigault, nous sommes immédiatement interrogés et invités à nous asseoir dans le bureau de la permanence. Chose étrange ! tandis que nous nous tenions modestement assis dans cette salle, attendant avec anxiété l'issue définitive de tant de vexations, ceux qui passaient devant nous et qui amenaient les individus arrêtés pour vol ou autres délits, soit fédérés, soit gens équivoques au bureau de la Commune, ne pouvaient s'empêcher, pour la plupart, de nous accorder un témoignage de respect ou au moins de sympathie. Un factionnaire se hasarda même à nous dire à voix basse :

« Dans une demi-heure, vous serez libres. »

Cette confidence, inspirée par un sentiment d'humanité, nous mit un peu de baume dans le cœur, sans cependant nous rassurer complétement, car nous craignions quelque intervention funeste. Une demi-heure s'était à peine écoulée que Ferré nous dit : « Citoyens, vous êtes libres. » Nous le saluâmes de notre mieux et nous nous retirâmes avec empressement.

Tandis que, sous la conduite de son secrétaire, nous traversions de nouveau, mais le cœur moins oppressé, les cours et les longs corridors de la prisons, nous crûmes opportun de demander à celui-ci si nous devions à l'avenir quitter ou conserver nos costumes ecclésiastiques. Il nous conseilla, conformément à nos plus chers désirs, de porter toujours le saint habit qui fait notre honneur et notre gloire. A peine avions-nous respiré l'air de la liberté que nos cœurs s'élevèrent pleins de reconnaissance vers la très-sainte Vierge, surtout en passant impunément à travers les groupes qui lisaient avec avidité les affiches du citoyen Pottier dénonçant à tout Paris les horribles forfaits du clergé de Notre-Dame des Victoires. Avec la journée du 19 mai ne se terminèrent pas le pillage et la profanation de l'église.

Après s'être partagé l'argent des troncs, après avoir emporté les ornements, les vases sacrés, les magnifiques couronnes données par le Souverain Pontife ; après avoir fait au banc d'œuvre, en compagnie de cantinières et d'autres femmes de mœurs plus qu'équivoques, d'abominables ripailles, ces revenants de 93 exposèrent sur le seuil de l'Église les ossements des religieux augustins trouvés dans les caveaux de cet ancien couvent ; ils exhumèrent aussi le corps de M. Des Genettes et promenèrent au bout d'une pique la tête en cire de sainte Aurélie, dont les reliques étaient placées sous l'autel de la très-sainte Vierge, en la présentant au peuple comme la tête d'une jeune fille récemment assassinée par les prêtres. Puis, pour compléter ce hideux tableau, ils firent sur la place publique le simulacre de se donner réciproquement la sainte communion au moyen de pains azymes non consacrés qu'ils avaient trouvés dans la sacristie et dont ils jetèrent les restes au vent en signe de mépris.

Ces scènes d'horreur et d'impiété ne se terminèrent qu'à l'arrivée des troupes versaillaises dans les quartiers avoisinant l'église, c'est-à-dire le 24 mai. Les fédérés n'avaient pas encore quitté l'église que déjà trois zélés paroissiens, M. Blot, MM. David père et fils, membres de la société de Saint-Vincent de Paul, montaient en toute hâte au clocher et en arrachaient, au péril de leur vie, l'ignoble drapeau rouge.

Dès le lendemain, M. Delacroix et M. de Benque, jaloux de rendre promptement à la piété des fidèles le vénéré sanctuaire de Notre-Dame des Victoires, mettaient à l'œuvre de nombreux ouvriers qui travaillèrent jour et nuit à la réparation de nos ruines.

Dès le mercredi 31 mai, le corps de M. Des Genettes avait été replacé dans un nouveau cercueil et le samedi 3 juin, M. le curé procédait à la réconciliation de l'église en présence du clergé et de M. de Benque, marguillier.

Le lendemain, fête de la Très-Sainte Trinité, le saint sacrifice de la messe était offert à l'autel de l'Archiconfrérie, et les fidèles se pressaient en foule autour de l'image miraculeuse de Marie restée debout au milieu de tant de ruines sur son trône de grâce et d'amour, pour répandre à ses pieds des larmes et des prières d'expiation à la suite des outrages infligés à son illustre sanctuaire.

Le soir, à l'office de l'Archiconfrérie, M. l'abbé Le Rebours, qui avait le dernier porté la parole de Dieu dans cette église, inaugura l'heureuse reprise des exercices en l'honneur du saint Cœur de Marie par une allocution des plus touchantes, dans laquelle, rappelant le bien considérable fait à Notre-Dame des Victoires depuis dix mois, il expliqua comment l'enfer avait plus particulièrement exercé sa vengeance contre ce lieu bénit où il avait essuyé tant de défaites.

L'impie avait dit dans son cœur : Il n'y a plus de Dieu, *non est Deus;* les voies du temple sont désertes, *viæ lugent;* et voici que déjà rayonnent de toutes parts vers le Dieu de l'Eucharistie mille louanges et mille adorations. Voici qu'en échange des cœurs d'or et d'argent restés entre les mains des envahisseurs, toutes les nations de la terre offrent à Marie des cœurs pleins d'amour et de filiale confiance.

Qu'à Notre-Dame des Victoires soient donc à jamais louange, honneur et bénédiction dans les siècles des siècles, *ad perpetuas æternitates!!!*

PARIS. — IMP. SIMON RAÇON ET COMP., RUE D'ERFURTH, 1.

www.ingramcontent.com/pod-product-compliance
Lightning Source LLC
Chambersburg PA
CBHW071647160726
PP18581700001B/19